7bre 1627.

EDICT DV ROY,

PORTANT CREATION DANS le ressort des Chambres des Comptes de Paris & Rouen, d'vn Conseiller Receueur general des Consignations des deniers procedans des Debets de quittances, deues par les Receueurs & Payeurs des rentes assignées sur le Sel, Aydes, Tailles & Receptes generales: Auec l'Arrest du Conseil interuenu sur iceluy. AVTRE Edict du Roy, Portant reuocation du susdict Edict, Et reunion dudict Office de Receueur General desdites Consignations, aux Charges & Offices desdits Receueurs & Payeurs desdites rentes. Ensemble les Lettres de Iussion pour cet effect.

Verifié en la Chambre des Comptes le 28. Iuin 1627.

A PARIS,
Par P. Mettayer, A. Estiene, & C. Preuost,
Imprimeurs ordinaires du Roy.
M. DCXXVII.
Auec Priuilege de sa Majesté.

(25)

EDICT DV ROY, PORTANT creation dans le ressort des Chambres des Comptes de Paris & Rouen, d'vn Conseiller Receueur general des Consignations des deniers procedans des debets de quittances, deuës par les Receueurs & Payeurs des rentes assignées sur le Sel, Aydes, Tailles & Receptes generales.

LOVIS PAR LA GRACE DE DIEV ROY DE FRANCE ET DE NAVARRE, A tous presens & à venir, Salut. Le feu Roy nostre treshonoré Seigneur & Pere, que Dieu absolue, pour oster le desordre que les troubles passez auoyent faict glisser au payement des rentes constituées, tant sur les Receptes generales & particulieres de cestuy nostre Royaume, que sur l'Hostel de nostre bonne Ville de Paris, & autres Villes, Sur l'aduis qui luy fut donné qu'il y auoit grand nombre de parties tenuës en souffrance

& en debets de quittances aux comptes desdictes Receptes generales & particulieres & des Payeurs desdictes rentes, lesquelles par laps de temps suyuant les Ordonnances, doiuent estre tournées en radiation & debets de clair, dont plusieurs familles desdits Officiers & de leurs cautions & certificateurs, estoient en peine ; & notamment que la pluspart desdictes rentes en debets de quittances, n'estoyent deuës ny demandées, pour estre deuolues & acquises à nous par forfaicture, desherence, aubeyne, amortissement ou autrement, & aucunes d'icelles depuis les constitutions faictes sur vne nature de deniers, portées & employées sur autres, mesmes transferées d'vne recepte à autre pour la commodité particuliere d'aucuns rentiers, sans en auoir deschargé celles sur lesquelles les premieres constitutions auoient esté faictes ; Pour rapporter le remede conuenable au desordre, ordonna en l'année mil six cens huict, que toutes les parties qui se trouueroient en debets de quittances aux comptes rendus depuis l'année mil cinq cens soixante

& dix iuſques & compriſe l'année mil ſix cens deux, ſeroient miſes entre les mains de Maiſtre Louis Maſluau, & depuis en celles de Maiſtre Robert de Louuigny ſubrogé en ſa place: au moyen dequoy leſdicts comptes ont eſté appurez & deſchargez deſdictes ſouffrances & Debets de quittance, & leſdicts Receueurs, de leurs cautions & certificateurs mis hors de peine. Et pour aucunement pouruoir à tels inconueniens pour l'aduenir, furent créez au meſme temps en tiltres d'Offices formez, des Receueurs & Payeurs Prouinciaux, pour faire le payement des rentes conſtituées ſur nos Domaines, Aydes, Tailles & Receptes generales, afin que par vn ſeul compte en chacune generalité, on peuſt voir & recognoiſtre les rentes qui eſtoiẽt legitimement deuës, d'auec celles qui n'eſtoyent deuës, demandées ny reclamées, dont les proprietaires feroient faire la verification, & apparoir de leurs tiltres pardeuant les Treſoriers de France. Ce qu'ayant eſté executé par la pluſ-part, aucunes ſeroyent demeurées ſans eſtre verifiées ny reclamées par qui que ce ſoit : & neantmoins le fonds pour le payement d'icelles, n'a pas laiſſé d'eſtre employé dans les Eſtats de la valeur de nos Finances, & les parties tenuës en ſouffrance és comptes deſdicts Receueurs Prouinciaux, qui auroient donné lieu à certaine commiſſion depuis expediée à Maiſtre Fillacier, pour receuoir les arrerages deſdictes rentes employées eſdicts comptes depuis ladicte année mil ſix cens deux, qu'eſtoit finie la commiſſion deſdicts Maſſuau & Louuigny, iuſques & compriſe l'année mil ſix cens douze. Leſquels moyens n'ont apporté l'éclairciſſement que l'on s'eſtoit promis deſdites rentes, tant à cauſe du deceds dudit de Louuigny, que de ce que la commiſſion dudit Fillacier ne s'eſtendoit aux rentes conſtituées ſur ledict Hoſtel de noſtre bonne Ville de Paris, & autres Villes de cettuy noſtre Royaume, & n'eſtoit que iuſques en l'année mil ſix cens douze. Tellement que l'employ deſdites rentes, a touſiours eſté continué iuſques à maintenant, tant és comptes deſdicts Receueurs Prouinciaux, que Payeurs desdictes rentes desdictes Hostels de Ville : & est à craindre que le desordre ne continuë à l'infiny, dont nous receurions vn notable preiudice en nos Finances, & plusieurs Officiers comptables se trouueroient grandement incommodez, leurs cautions & certificateurs en peine pour lesdites souffrances & debets de quittances. A quoy voulans pouruoir par vn bon ordre pour le passé, & les regler à l'aduenir, en sorte qu'ils puissent estre asseurez par l'appurement qui se fera des charges estans sur lesdicts comptes, & les garentir des poursuittes qui se font iournellement contre eux par les Controolleurs Generaux de nos restes : Et sur ce que les rentes deuës à plusieurs particuliers sur lesdites receptes & Hostels de Ville, ne peuuent bien souuent estre receues qu'apres vn long-temps, à cause des saisies, arrests & autres empeschemens qui sont faits, il nous auroit esté proposé que sur pareils rencontres qui estoient cy deuant arriuez au maniement des deniers qui estoyent consignez & mis en depost és mains de pluſieurs perſonnes, pendant les ſaiſies & decrets des biens & heritages appartenans à nos Subiects, les Roys nos predeceſſeurs d'heureuſe memoire, n'auroient trouué meilleur moyen, que de creer & eſtablir dans les Parlemens, Cours des Aydes, Preſidiaux & autres Iuriſdictions de ce Royaume ou ſe faiſoient leſdits decrets, vn Receueur des Conſignations qui faiſoit la recepte de tous les deniers qui ſeroient à conſigner, tant des conſignations volontaires, que des decrets & adiudications des heritages, pendant que l'on dreſſeroit l'eſtat des oppoſitions : en ſorte que par cét ordre & eſtabliſſement, les deniers des particuliers ont eſté tellement conſeruez au profit de ceux à qui ils deuoient appartenir, qu'il n'en eſt venu depuis aucune plainte. Et qu'en rapportant vn pareil ordre, tant pour les arrerages des rentes, ſaiſies & arreſts, que celles qu'aucuns de noſdits ſubiects negligent de demander, par l'eſtabliſſement qui ſera fait dans les reſſorts des Chambres de nos Comptes, & ſpecialement en celles de Paris & Rouen, d'vn Receueur

Receueur des Consignations pour receuoir tous & chacuns les deniers qui sont à present & se trouueront cy apres en Debets de quittances és mains desdicts Tresoriers receueurs & payeurs des rentes, Pour à l'egard de celles qui sont saisies, les rendre à ceux à qui elles seront ordonnées par Iustice, & à l'esgard des non saisies ny demandées, les payer au fur & à mesure qu'elles seront vendiquées par les vrais proprietaires, dont sera tenu bon & fidel registre par ledit Receueur des Consignations : Ce sera vn moyen tres-facile & tres-asseuré, pour paruenir à la cognoissance des rentes legitimement deuës, & de celles qui ne sont demandées ny reclamées, & qui sont deuoluës à nostre profit : & en ce faisant, descharger nos Finances de l'employ qui s'en faict tous les ans dans nos Estats. A CES CAVSES apres auoir faict mettre ceste affaire en deliberation en nostre Conseil, où estoit la Royne nostre tres-honorée Dame & Mere, aucuns Princes, de nostre Sang, autres Princes, Officiers de nostre Couronne, & autres notables Personnages:

De l'Aduis d'iceluy, & de nostre certaine science, pleine puissance & authorité Royale, Avons par cestuy nostre present Edict perpetuel & irreuocable, creé & erigé, creons & erigeons en chef & tiltre d'Office formé, dans le ressort de nosdictes Chambres des Comptes de Paris & Rouen, vn Receueur qui sera qualifié nostre Conseiller & Receueur General des Consignations, lez nosdictes Chambres des Comptes de Paris & Rouen, des deniers procedans des Debets de quittances qui sont à present & seront doresnauant entre les mains tant des Receueurs & Payeurs des rentes constituées sur les Hostels de nostre bonne Ville de Paris & celle de Rouen, à prendre sur le Sel, Clergé, Aydes, Tailles & Receptes Generales, & autres Hostels des Villes & Communautez estans dans le ressort de nosdites Chambres des Comptes où il y a rentes constituées, que les Receueurs Prouinciaux des rentes és Generalitez estans desdits ressorts, comme pareillement és mains d'autres Receueurs Generaux & particuliers & Tresoriers qui ont à faire payement d'aucunes rentes pour quelque cauſe & occaſion que ce ſoit, ſans en nul excepter ny reſeruer eſtans dans leſdicts reſſorts, Pour y eſtre dés á preſent par nous pourueu de perſonne capable & de qualité requiſe, & à l'aduenir, quand vaccation arriuera par reſignation, mort, forfaicture ou autrement. Lequel Receueur General des Conſignations preſentement creé, fera la recepte de tous & chacun les deniers qui ſont à preſent & ſe trouueront cy apres, entre les mains des Receueurs & Treſoriers ſuſdits à cauſe deſdits Debets de quittances, apres le iugement de leurs comptes : Leſquels ſeront tenus de les payer, ſçauoir pour les comptes clos depuis l'année mil ſix cens deux, dans trois mois du iour de la ſignification qui leur ſera faicte de la verification du preſent Edict à perſonne ou domicile, par celuy qui ſera pourueu dudit Office autrement & à faute de ce faire dans ledict temps, leſdicts Receueurs Treſoriers & Payeurs ſuſdicts y ſeront contraints par les voyes ordinaires & accouſtumées pour nos propres deniers & affaires, en vertu des ſeules contrainctes dudict Receueur General ſur les extraicts qui ſeront faits des parties qui ſe trouueront en debets de quittances ſur les comptes deſdicts Receueurs & Treſoriers, à leurs frais & deſpens, ſuyuant la taxe qui en ſera faite par les gens de nos Comptes eſdictes Chambres, eu eſgard au trauail qui aura eſté rendu en l'expedition deſdits extraicts. Au payement de laquelle taxe, iceux Receueurs & Treſoriers ſeront contraincts par les meſmes voyes, nonobſtant oppoſitions ou appellations quelconques. Et pour les comptes à rendre leſdicts Receueurs & Treſoriers ſeront auſſi tenus de payer les deniers qui ſeront entre leurs mains pour raiſon deſdits Debets de quittances, dans vn an du iour de la cloſture de leurs comptes, ſur les meſmes peines, encores que les Eſtats finaux ny fuſſent aſſis, attendu qu'ils ſçauront notoirement par les Regiſtres deſdictes rentes qui ſont pardeuers eux, quelles parties ils n'auront acquittées. Outre leſquels deniers, leſdits Treſoriers & Receueurs fourniront audict Receueur general des Conſignations, vn bref estat contenant les noms des proprietaires & possesseurs des rentes immatriculées en leurs Registres, la cotte desdicts Registres, les dattes des constitutions, & pour quels quartiers lesdicts deniers leur sont restez entre les mains, ensemble les saisies & arrests faicts sur lesdictes rentes, auec les noms des saisissans, Pour en tirer par ledit Receueur General des Consignations, les descharges valables de ceux qui viendront vendiquer lesdicts deniers saisis & arrestez. Et à l'esgard des rentes non demandées où il n'y a aucunes saisies ny arrests, en feront mention à part par ledict Estat, ensemble de la cotte desdicts Registres des constitutions d'icelles, & pour quels quartiers ils en fourniront les deniers, Pour y auoir recours par ledict Receueur General quand besoin sera, & lors qu'il rendra lesdicts deniers à ceux qui les viendront demander auec tiltres legitimes. Moyennant lesquels Estats desdicts Debets de quittances & deniers payez par les Receueurs & Tresoriers susdicts és mains dudict Receueur General des Consignations, Nous voulons qu'il en expedie ses quittances à leur acquict, en vertu desquelles ils feront descharger les parties estans en Debets de quittances sur leurs comptes, & en ce faisant ils en demeureront deschargez, ensemble leurs pleiges, cautions & certificateurs. Et dautant que nostre intention est, que ledict Receueur General soit à l'instar des autres Receueurs des Consignations establis en nos Cours de Parlements, Cours des Aydes, Presidiaux & autres Iurisdictions, Nous voulons que les deniers qui luy seront fournis par lesdicts Tresoriers & Receueurs, soient par luy deliurez au fur & à mesure qu'ils seront demandez par les particuliers rentiers ou ayans cause, selon qui leur sera ordonné par Iustice, ou en vertu des tiltres ou acquicts valables, à la charge neantmoins de rendre Compte en nosdictes Chambre des Comptes de Paris & Roüen, de cinq en cinq ans du maniement qu'il fera, & qu'à mesure qu'il acquittera lesdictes rentes & deniers saisis, il en demeure bien & valablement deschargé, en rapportant lesdits tiltres, acquits & autres pieces necessaires, & qu'il en soit faict mention sur les parties singulieres desdicts comptes, & lesdicts tiltres, acquits & pieces mis en fin des liasses des acquicts d'iceux, afin que si aucuns particuliers en ont besoin, ils en puissent prendre communication en la maniere accoustumée. Et afin qu'on puisse sçauoir au vray quels deniers il y aura entre les mains dudict Receueur general des Consignations desdits Debets de quittances, pour l'asseurance du payement desdictes rentes, & qu'ils ne puissent estre diuertis ny employez ailleurs ny à autres effects, Nous voulons & entendons que les quittances que ledit Receueur general expediera en l'acquict & descharge des Receueurs & Tresoriers susdits, soyent controollees par l'vn des Conseillers Maistres en chacunes desdictes Chambres des Comptes de Paris & Roüen, qui sera commis à ceste fin en chacun Semestre par lesdictes Chambres, & donné à autre, changé selon l'ordre du Tableau : duquel controolle sera tenu bon & fidel registre, pour y auoir recours quand besoin sera.

Auquel Receueur general presentement creé, & pour luy donner moyen de s'entretenir audit Office, soustenir les grands frais & depenses pour l'exercice d'iceluy, & entretenement des Commis qu'il sera tenu auoir en chacune des generalitez ressortissans en nosdites Chambres, desquels il demeurera responsable ciuilement, pour faire le recouurement des deniers, & les payemens de ce qu'il sera deu aux particuliers rentiers desdites generalitez ayans rentes à prendre sur lesdites Receptes prouinciales, & autres estans dans le ressort desdites Chambres des Comptes de Paris & Roüen, sur lesquelles il y a des rentes constituées, lors que ceux à qui elles seront deuës les viendront demander, sans les constituer à nouueaux frais pour les venir prendre au Bureau de sa recepte & domicile; Nous auons attribué & attribuons par cestuy nostre present Edict, vingt mil liures tournois de gages par chacun an, ensemble tous & chacuns les honneurs, auctoritez, prerogatiues, preeminences priuileges, franchises, libertez, dont iouyssent les autres Receueurs des Consignaſignations, encores qu'ils ne ſoyent cy particulierement ſpecifiées. A prendre leſdits gages ſur les rentes non demandées ny reclamées, & deuoluës à noſtre profit, qui ne laiſſent d'eſtre employées aux comptes des Payeurs d'icelles, & leur tiennent lieu de deſpenſe eſdits comptes qu'ils rendent annuellement de leurs charges, dont ſera faict fonds à celuy qui ſera par nous pourueu audit Office, dans les Eſtats que nous ferons expedier pour le payement deſdites rentes, ſans que pour la conſignation qui ſera faicte entre ſes mains des deniers procedans deſdits Debets de quittance, il puiſſe pretendre aucune choſe, ny pour la garde d'iceux. Lequel Receueur general des Conſignations, ſera tenu auant que s'immiſſer en l'exercice de ladite charge, bailler bonnes & ſuffiſantes cautions iuſques à la ſomme de quarante mil liures, pardeuant le Preuoſt de Paris. Et pour les ſalaires & vacations, frais & deſpens qu'il conuiendra faire par leſdicts Maiſtres des Comptes qui rendront ledict controolle, Nous leur auons ordonné, accordé & attribué, Sçauoir à ceux de noſtre Chambre des Comptes à Paris, la ſomme de mil liures par chacun Semeſtre, qui ſont deux mil liures par an : Et à ceux de noſtredicte Chambre des Comptes à Rouen, cinq cens liures par chacun Semeſtre, qui ſont mil liures par an : Voulant auſſi qu'ils en ſoyent payez par les mains dudit Receueur general ſur la meſme nature de ſes gages, dont ſera pareillement faict fonds par noſdits Eſtats, ſi ce n'eſt que noſdicts gens des Comptes veulent icelles ſommes de deux mil liures, & mil liures, eſtre departies entre eux comme leurs eſpices communes, dequoy nous leur laiſſons la libre diſpoſition, à la charge de commettre vn d'eux par chacun Semeſtre à tenir leſdicts controolles, ainſi que dit eſt. Et pour faciliter d'autant plus l'eſtabliſſement & compoſition dudict Office, Nous auons permis & permettons par ceſdictes preſentes à celuy qui en ſera pourueu, de le reſigner pour la premiere fois ſans payer finance, & l'auons pareillement deſchargé du preſt & droict annuel pour les quatre années reſtantes d'iceluy, pendant leſquelles ledict Office ne pourra eſtre declaré vacant ny impetrable. SI DONNONS EN

MANDEMENT à nos amez & feaux Conseillers les gens de nos Comptes à Paris & Roüen, que cestuy nostre present Edict ils facent lire, publier & registrer, & du contenu en iceluy, faire iouïr & vser plainement & paisiblement ledict Receueur general des Consignations des Debets de quittances, presentement creé selon sa forme & teneur, sans souffrir qu'il luy soit mis ou donné aucune empeschement, nonobstant oppositions ou appellations quelconques, pour lesquelles ne voulons estre differé, & desquelles si aucunes interuiennent, nous auons interdit & interdisons la cognoissance à nosdictes Chambres des Comptes, & à toutes nos autres Cours & autres Officiers generalement quelconques, icelles reseruees à nous & à nostredict Conseil, nonobstant aussi tous Edicts, Ordonnances, Lettres, Arrests & autres choses generalement contraires, ausquelles nous auons desrogé, & desrogeons par cesdictes presentes, & à la desrogatoire des desrogatoires y contenuë: CAR tel est nostre plaisir. Et afin que ce soit chose ferme & stable à tousiours, nous auons faict mettre nostre seel à cesdictes presentes. Et d'autant que l'on en pourroit auoir affaire en diuers lieux, nous voulons qu'au vidimus d'icelles deuëment collationné par l'vn de nos amez & feaux Conseillers, Notaires & Secretaires, foy soit adioustée comme au present original.

DONNE' à Fontainebleau au mois de Septembre, l'an de grace mil six cens vingt cinq, & de nostre regne le seiziesme. Signé, LOVIS, Et plus bas, Par le Roy, DE LOMENIE. Et à costé, VISA: & seellé sur lacs de soye rouge & verte du grand seau de cire verte. Et au bas est escrit:

Leu, publié & registré en la Chambre des Comptes, Ouy le Procureur general du Roy par le commandement de sa Maiesté, porté par Monseigneur son Frere, venu expres en ladicte Chambre, assisté des Sieurs Dornano Mareschal de France, de Champigny, & de Leon, Conseillers en ses Conseils d'Estat & Priué, le sixiesme Mars mil six cens vingt-six.

Signé, BOVRLON.

ARREST DV CONSEIL d'Estat, sur les Remonstrances des Receueurs Payeurs des Rentes.

SVR ce qui à esté remonstré au Roy en son Conseil, par les Receueurs & Payeurs des rentes de la ville de Paris, & autres Receueurs Generaux & Prouinciaux Payeurs des rentes des generalitez du ressort de la Chambre des Cōptes dudit Paris. Qu'encore que par leurs Edits de creation bien & deuëment verifiez, ils soient creés Receueurs & Payeurs des rentes, & en ceste qualité le soyent aussi des Debets de quittances de leurs charges, & ayent tant eux que leurs predecesseurs ioüy plainement & paisiblement de leurs Offices iusques à present, moyennant les grandes sommes de deniers qu'ils ont financées és coffres de sa Majesté: Il est neantmoins arriué que par Edict du mois de Septembre dernier, registré en ladite Chambre le cinquiéme Mars aussi dernier, sa Maiesté a creé en chef & tiltre d'Office formé, vn Conseiller Receueur general des Consignations és ressorts des Chambres des Comptes de Paris & Rouen, des deniers procedans des Debets de quittances qui estoient lors & seroient à l'aduenir, entre les mains des Receueurs & Payeurs des rentes constituees sur les Hostels desdites Villes de Paris & Rouen, à prẽdre sur le Sel, Clergé, Aydes, Tailles, receptes generales, & autres Hostels des Villes & Communautez estans dans le ressort desdites Chambres où il y a rentes constituees, & des Receueurs Prouinciaux des renres és generalitez desdits ressorts; comme aussi és mains d'autres Receueurs generaux & particuliers, ou Tresoriers, qui ont à faire payement d'aucunes rentes pour quelque cause & occasion que ce soit, sans en nul excepter, Pour iouyr par lesdits Receueurs generaux des Consignations, de vingt mil liures de gages par an, droicts de façon de compte & autres contenus audict Edict, en suitte duquel les prouisions ont esté expediées & seellees le nom en blanc. Et d'autant que la fin pour laquelle ledict Office a esté estably, n'a esté que pour éuiter à vne confusion, & trouuer vne plus grande seureté en la conseruation des deniers desdicts Debets, tant pour l'interest de sadicte Majesté que celuy du public, lors que les pourueus desdicts Offices viennent à resigner ou deceder; Il est à considerer que pour ce qui est des Debets de quittances des rentes constitueez sur l'Hostel de Ville de Paris, & des autres Villes de ce Royaume, que le fonds pour le payement desdites rentes ayant esté mis vne fois és mains du Receueur & Payeur, sadicte Majesté en demeure entierement deschargée, & les deniers n'en sont plus reputez Royaux, sinon à l'esgard des particuliers enuers les Receueurs, tant par le moyen de ce que les Preuost des Marchands & Escheuins admettent lesdicts Payeurs en leurs charges, reçoiuent leurs cautions & certificateurs, que pour ce qu'ils sont responsables aux particuliers ayans rentes sur ledict fonds, s'y estant obligez en leur passant les contracts de constitution. Et que pour ladicte seureté, y ayant douze

Receueurs & Payeurs des rentes audict Hostel de Ville, chacun Office desquels estans de pareille valeur que celuy desdicts Debets de quittances, & en chacune generalité, deux Receueurs & Payeurs desdictes rentes, & leurs resignataires demeurans responsables des deniers desdits Debets; ils ne peuuent encourir aucun risque. Qu'en ce qui est de la confusion, elle ne s'est iamais cogneuë en l'exercice des charges desdicts supplians: D'autant qu'à l'instant qu'vn particulier a obtenu condamnation sur le saisy, où le saisy main-leuee, il ne manque à estre payé, & les quittances & autres actes rapportez sur les comptes. Et bien que ces raisons fissent assez cognoistre le peu de fondement de la creation dudict Receueur des Consignations, & soyent plus que suffisantes pour la reuocation & suppression dudict Offiee, nerntmoins requeroient, que où sa Majesté auroit esté conuiee à creer ledict Office par la necessité de ses affaires, Receuoir lesdicts supplians aux offres qu'ils font à sadicte Majesté, de financer en ses parties Casuelles iusques à la somme de deux cens quarante mil liures

pour

pour le ressort de la Chambre des Comptes de Paris, sur les trois cens mil liures ausquelles ledit Office a esté taxé, les soixante mil liures restans, demeurans pour seureté de Finances à l'Office de Receueur des Consignations de Normandie : Ce faisant & preferant lesdits supplians audict Office en ce qui concerne le ressort de ladite Chambre des Comptes de Paris, le reünyr en leurs Offices, pour en iouyr par eux & leurs successeurs ausdits Offices, conjoinctement & inseparablement, aux gages de seize mil liures, faisant partie de vingt mil liures de gages attribuez audit Office, selon le regalement qui en sera faict entre les supplians, & droicts portez par ledict Edict, Auec la qualité à l'aduenir de Receueur & Payeur des rentes, & Depositaires de debets de quittances, sans que pour raison dudit Office & reünion d'iceluy, ils soyent tenus de payer autre ny plus grand droict annuel, que ce qu'ils payent à present pour les Offices dont ils sont pourueus : & pour cét effect, que toutes Lettres, Arrests & Declarations necessaires, leur seront expediées & deliurées : Et oüy le Preuost des

Marchands & Eſcheuins de la ville d[e] Paris, enſemble leſdicts Receueurs, L[E] ROY EN SON CONSEIL, [a] receu & accepté les offres deſdicts ſup[-] plians : Ce faiſant a ordonné & ordonne[,] qu'en finançant par eux en ſes parties Ca[-] ſuelles, la ſomme de deux cens quaran[-] te mil liures, ils ioüyront & leurs ſuc[-] ceſſeurs, conjoinctement & inſepara[-] blement dudit Office de Receueur de[-] poſitaire de Debets de quittances en c[e] qui eſt du reſſort de la Chambre de[s] Comptes de Paris : Enſemble de ſeiz[e] mil liures de gages, faiſans partie d[e] vingt-mille liures y attribuez par l'Edi[ct] de creation du mois de Septembre der-nier : Deſquelles ſeize mil liures de ga-ges, & de ladicte ſomme de deux cen[s] quarante mil liures, ſera faict departe-ment audict Conſeil ſur chacun deſ-dicts Offices, ainſi qu'il appartiendra par raiſon. Et pour iouyr de ladicte Char-ge de Receueur general des Conſi-gnations, & Depoſitaire deſdicts Debet[s] de quittances & deſdicts gages, leur ſe-ront toutes Lettres de prouiſion & d'v-nion neceſſaires expediées, en rappor-tant par chacun d'eux la quittance du

Tresorier des parties Casuelles, contenant le payement qu'ils auront faict en ses mains: Et seront à l'aduenir qualifiez, Receueurs Payeurs des rentes & Depositaires des debets de quittances, sans que pour raison de ladicte vnion, l'estimation de leurs Offices de Receueurs & Payeurs desdictes rentes, puisse estre augmentée pour iouyr du benefice de la dispense des quarante iours. Et a sa Majesté reuoqué & reuoque les Lettres de prouisions dudit Office de Conseiller du Roy, Receueur des Consignations de la Chambre des Comptes de Paris, qui ont esté expediées en vertu dudit Edict, lequel n'aura lieu à l'aduenir pour le regard desdits suppliants, en ce qui est deu du ressort de la Chambre des Comptes de Paris. Faict au Conseil d'Estat du Roy tenu à Paris le troisiesme iour de Iuin mil six cens vingt-six.

Signé, BARDEAV.

AVTRE EDICT DV ROY

Portant reuocation du precedent, & reünion dudit Office de Receueur general desdites Consignations, aux Charges & Offices desdits Receueurs & Payeurs desdites Rentes. Auec les Lettres de Iussion pour cét effect.

Verifié en la Chambre des Comptes le vingt-huictiesme Iuin 1627.

LOVIS par la grace de Dieu Roy de France & de Nauarre, A tous presens & à venir, Salut. Nos amez & feaux Conseillers, les Receueurs & Payeurs des rentes constituées sur l'Hostel de nostre bonne ville de Paris, assignées sur le reuenu des Receptes generales de nos Finances, Aydes, Gabelles & du Clergé de France, & les Receueurs generaux Prouinciaux Payeurs des rentes és Generalitez du ressort de nostre Chambre des Comptes de Paris, Nous ayans faict dire & remonſtrer en noſtre Conſeil, qu'encores que par les Edicts de creation de leurs Offices, bien & deuëment verifiez, ils ſoyent eſtablis Receueurs & Payeurs de tous les deniers affectez au payement de ceux qui ont droict de iouyr deſdites rentes, & par ceſte qualité & fonction, fondez du depoſt & du payement de parties de leurs charges qui ſont en debet de quittance, & ayent tant eux que leurs predeceſſeurs touſiours iouy plainement & paiſiblement de leurs Offices iuſques à preſent; Il eſt neantmoins arriué, que par noſtre Edict du mois de Septembre mil ſix cens vingt-cinq, regiſtré en noſtredicte Chambre le ſixiéme iour de Mars dernier, Nous auons creé en tiltre d'Office, vn noſtre Conſeiller Receueur General des Conſignations, és reſſorts de nos Chambres des Comptes de Paris & Rouen, des deniers procedans des debets de quittances, qui eſtoient deſlors & ſeront à l'aduenir entre les mains de Receueurs & Payeurs deſdites rentes, pour iouyr par ledict Receueur General des Conſignations, de vingt mil liures de gages par an, droicts de façon de compte & autres droicts contenus audict Edict, & qu'en suitte d'iceluy, les prouisions ont esté expediées & seellées : Et que le fondement pour l'establissement dudict Office, a esté pour éuiter à vne confusion, & trouuer vne plus grande seureté à la conseruation des deniers desdicts Debets, tant pour nostre interest que celuy du public, lors que les pourueus desdicts Offices viennent à resigner ou deceder. Surquoy ils nous supplioyent vouloir considerer, pour ce qui peut toucher nostre interest au faict desdicts Debets de quittances des rentes constituées sur l'Hostel de Ville de Paris, & des autres Villes de ce Royaume, Que le fonds pour le payement desdictes rentes, ayant vne fois esté mis és mains des Receueurs & Payeurs, nous en demeurons entierement deschargez, & les deniers n'en sont plus reputez Royaux, sinon à l'esgard des particuliers enuers lesdicts Receueurs ; tant par le moyen de ce que les Preuost des Marchans & Escheuins admettent lesdicts Payeurs en leurs charges, reçoiuent leurs cautions & certificateurs, que pource qu'ils sont responsables aux particuliers ayans rentes sur ledict fonds, y estans obligez par les Contracts de constitution. Et pour la seureté publique, qu'y ayant douze Receueurs & Payeurs des rentes audict Hostel de Ville, chacun Office desquels égalent la valeur de celuy desdicts Debets de quittances, & en chacune generalité trois Receueurs & Payeurs desdictes rentes, & leurs resignataires demeurans responsables des deniers de leur maniement iusques à la concurrence du prix de l'Office resigné, les particuliers ne peuuent par ce moyen souffrir aucun risque. Que pour ce qui regarde la confusion, elle ne s'est iamais trouuée en l'exercice des charges desdicts Payeurs, à cause qu'à l'instant qu'vn particulier a obtenu condemnation sur le saisy, ou le saisy main leuée, il ne manque à estre payé & les quittances & autres actes rapportez sur les comptes, Et bien que ces raisons facent assez cognoistre le peu de fondement de la creation d'vn Receueur des Consignations, & soyent plus que suffisantes à nous porter à la reuocation & suppression dudit Office: Neantmoins nous requeroient qu'en nous aurions esté conuiez à le creer par la necessité de nos affaires, de les receuoir aux offres qu'ils nous faiſoient de financer en nos parties Caſuelles, iuſques à la ſomme de deux cens quarante mil liures pour le reſſort de la Chambre des Comptes de Paris, ſur les trois cens mil liures auſquelles ledict Office a eſté taxé les ſoixante mil liures reſtans, demeurans pour finance à l'Office de Receueur des Conſignations de Normandie: Et les preferant audit Office en ce qui concerne le reſſort de noſtredicte Chambre des Comptes de Paris, qu'il nous pleuſt le reünir à leurs Offices, pour en iouïr par eux & leurs ſucceſſeurs auſdicts Offices, conioinctement & inſeparablement, aux gages de ſeize mil liures. faiſant parties de vingt mil liures de gages attribuées audict Office ſelon le regalement qui en ſera faict entr'eux, & pour le poſſeder chacun ſoubs la qualité de Receueur & Payeur des rentes & Depoſitaire de Debets de quittances, ſans que pour raiſon de ce ils ſoient tenus de payer autre ny plus grand droict que ce qu'ils payent à preſent pour leurs Offices. Leſquelles remonſtrances & offres ayans eſté par nous entenduës, & faict voir icelles meurement conſiderées en noſtre Conſeil, par Arreſt donné en iceluy le le troisiesme du mois de Iuin dernier, nous les auons acceptées. SÇAVOIR FAISONS, Que voulants fauorablemẽt traitter lesdits Receueurs & Payeurs desdites rentes, & les faire jouyr du contenu audit Arrest, dont l'extraict est cy attaché soubs le contrescel de nostre Chancellerie: DE L'ADVIS de la Royne nostre tres honorée Dame & Mere, de nostre tres-cher Frere le Duc d'Anjou, de plusieurs Officiers de nostre Couronne, & autres grands & notables Personnages de nostredict Conseil, & de nostre grace speciale, pleine puissance & authorité Royale, Nous auons par le present Edict perpetuel & irreuocable, reuoqué & reuoquons la creation portée par nostredit Edict du mois de Septembre mil six cens vingt cinq, de l'Office de nostre Conseiller Receueur general des Consignations au ressort de nostre Chambre des Comptes de Paris, Ensemble les Lettres de prouision par nous octroyées dudit Office: Et au lieu de ce, Nous auons des mesme pouuoir & authorité que dessus, joinct, vny & incorporé, ioignons, vnissons & incorporons ledict Estat & Office, gages & fonctions y attribuez par ledict Edict, aux charges & Offices de nosdicts Receueurs & Payeurs des rentes de l'Hostel de Ville de Paris, & des Generalitez du ressort de nostredicte Chambre, chacun en ce qui regarde le faict & exercice de sa charge seulement : Et entant que besoin est ou seroit, auons chacun desdits Receueurs & Payeurs pour les Offices qu'ils possedent, créez, instituez & establis, creons, instituons & establissons, Receueurs & Payeurs desdites rentes, & depositaires des deniers des Debets de quittances, pour auoir & continuer la garde & depost des deniers procedans desdicts Debets, & en faire le payement tout ainsi qu'ils ont faict iusques à present, bien & deüement sans y pouuoir estre troublez à l'aduenir pour quelque cause que ce soit, Ny que pour raison de ladite vnion l'estimation de leursdits Offices puisse estre augmentée, pour joüyr du benefice de la dispence des quarante iours : Pour lequel depost neantmoins, & la finance qui sera payée en nos parties Casuelles par lesdits Receueurs &

Payeurs à cause de ladite vnion ; ils ne pourront pretendre que l'augmentation de gages que nous attribuons pour raison de ce à chacun de leurs Offices, selon l'estat arresté en nostre Conseil cy attaché soubs le contreseel de nostre Chancellerie, montans par eux tous à la somme de seize mil liures par an, sans demander ny retenir aucuns droicts de Consignation ne Depost, pour les deniers desdicts Debets de quittances, à peine de concussion. Lesquels gages & droicts, Nous voulons que chacun d'eux prenne & perçoiue du fonds qui se trouuera dans sa charge, prouenant des rentes racheptées & admorties à nostre profit, ou à nous appartenans par desherence, forfaicture ou autrement, ainsi qu'il est porté par nostredit Edict. Lequel fonds ne pourra estre retranché ny tiré du maniement desdicts Receueurs & Payeurs des rentes, pour quelque cause & occasion que ce soit, l'ayant dés à present destiné & ordonné pour le payement desdicts gages. Et en cas qu'en aucunes desdictes Receptes, il ne se troue fonds suffisant pour le payement desdicts nouueaux gages attribuez ausdicts Receueurs, Pourront iceux Receueurs prendre ce qui leur manquera, sur les Receptes où le fonds se trouuera plus fort que ce qui conuiendra pour le payement desdicts nouueaux gages y assignez, dont sera dressé estat. Et voulons que les quittances des payemens qui auront esté ainsi pour ce faits soient passez & alloüez en la despense du compte desdicts Receueurs sans aucune difficulté. Laquelle augmentation de gages ils retiendront par leurs mains és années de leur exercice, & hors icelles ils en seront Payez par leurs compagnons d'Office ainsi que de leurs anciẽs gages, sans aucun empéchement, tant en vertu du present Edict que des Lettres de prouision particulieres qu'ils obtiendront de nous en execution d'iceluy, sans qu'il soit besoin de prendre autres Lettres de prouision en cas de demission, pour ioüyr desdictes attributions que nous faisons à leur profit. Lesquelles Lettres nous voulons leur estre deliurées, sans pour ce payer aucun droict de marc d'or, en rapportant par chacun d'eux seulement la quittance du

Treſorier de nos parties caſuelles, contenant le payement faict en ſes mains de la ſomme que pour ce nous leur ordonnons de payer en noſdictes parties Caſuelles, & non autrement. Et ſeront leſdites Lettres regiſtrées en noſtre Chambre des Comptes, & ſur icelles donné attache par les Preſidens Treſoriers de France, & Generaux de nos Finances, ſans que leſdicts Receueurs & Payeurs ſoient abſtraints à preſter ſerment, attendu celuy qu'ils ont preſté pour leurſdicts Offices. SI DONNONS EN MANDEMENT à nos amez & feaux Conſeillers les Gens de nos Comptes à Paris, que ces preſentes ils facent publier & regiſtrer, & le contenu en icelles inuiolablement entretenir, garder & obſeruer, ſans permettre qu'il luy ſoit faict, mis ou donné aucun empeſchement au contraire nonobſtant oppoſitions, appellations & autres empeſchements quelconques: CAR tel eſt noſtre plaiſir. Et afin que ce ſoit choſe ferme & ſtable à touſiours, Nous auons faict mettre & appoſer noſtre ſeel à ceſdictes preſentes. DONNE' à Nantes au mois de Iuillet, l'an de grace mil six cens vingt-six. Et de nostre regne le dixseptiesme. Signé, LOVIS. Et sur le reply, Par le Roy, POTIER. Et à costé, VISA. Et seellé du grand seau de cire verte, sur lacs de soye rouge & verte.

ARREST DE LA CHAMBRE des Comptes du vingt-troisiesme Nouembre mil six cens vingt-six, Par lequel auparauant que proceder à la verification dudict Edict, est ordonné que les Receueurs & Payeurs feront apparoir de l'Estat des rentes pretendues racheptées & amorties au profit de sa Maiesté.

SVR les Lettres patentes du Roy en forme d'Edict, données à Nantes au mois de Iuillet dernier, Signees, LOVIS, & sur le reply, Par le Roy, POTIER, obtenuës par les Receueurs & Payeurs des rentes constituées sur l'Hostel de ville de Paris, assignées sur le reuenu des Receptes generales des Finances,

Aydes, Gabelles, & Clergé de France, Et les Receueurs Generaux, Prouinciaux & Payeurs des rentes és Generalitez du ressort de la Chambre des Comptes, par lesquelles, & pour les causes y contenuës, sa Maiesté par ledict Edict perpetuel & irreuocable, reuoqué la creation portée par son edict du mois de Septembre mil six cents vingt-cinq, de l'Office de son Conseiller, Receueur General des Consignations des debets de quittances du ressort de ladite Chambre; Ensemble les Lettres de prouision octroyées dudict Office; Et au lieu de ce ioinct, vny & incorporé ledict Office, gages & fonctions y attribuez par ledict Edict, aux charges & Offices desdits Receueurs & Payeurs desdictes rentes de l'Hostel de ville de Paris, & des Generalitez dudict ressort; chacun en ce qui regarde le faict & exercice de sa charge seulement, & entant que besoin seroit, à chacun d'iceux creez instituez & establis, Receueurs & Payeurs desdictes rentes & depositaires des deniers des Debets de quittances, pour auoir & continuer la Garde & depost desdits deniers, & en faire le payement tout ainsi qu'ils ont faict iusques à present, bien & deuëment, sans pouuoir estre troublez à l'aduenir pour quelque cause que ce soit, ny que pour raison de ladite vnion, l'estimation de leursdicts offices, puisse estre augmentée pour iouyr du benefice de la dispence des quarante iours : pour lequel depost neantmoins & la finance qui sera par eux payée en ses parties Casuelles, à cause de ladicte vnion, ils ne pourront prëtendre que l'augmentation de gages qu'elle attribue à chacun de leurs Offices, selon l'estat arresté en son Conseil, montant pour eux tous à la somme de seize mil liures par an, sans demander ny rëtenir aucuns droicts de consignation pour les deniers desdicts Debets de quittance, à peine de concussion : Lesquels gages & droicts, sadicte Majesté veut que chacun d'eux prenne & perçoiue du fonds qui se trouuera dans sa charge ; prouenans des rentes racheptees & amorties à son profit, ou à elle appartenantes par des-herance, forfaicture ou autrement ; ainsi qu'il est plus au long contenu par lesdites Lettres : Veu lesquelles par ladicte

Chambre

Chambre ledit Edict de creation de Receueur General desdites consignations & debets de quittances dessus datté, verifié le sixiesme Mars dernier ; L'Arrest du Conseil du troisiéme Iuin ensuiuant, sur les offres desdits impetrans ; les Estats de l'augmentation des gages attribuez ausdits offices à cause de ladite vnion, arrestez audit Conseil le treiziesme Iuillet aussi ensuyuant, l'acte de main leuée, baillé par Nicolas d'Authuille Bourgeois de Paris, de l'opposition par luy formée à l'enterinement desdites lettres, passée par deuant Blosse & Bergeon Notaires le septiesme des present mois & an ; Requeste presentée par lesdits impetrans à fin de verification desdites lettres, Conclusions du Procureur General du Roy, & tout consideré: LA CHAMBRE auant faire droit, a ordonné & ordonne qu'apres que les supplians auront fait apparoir de l'estat desdites rentes pretenduës, racheptées & amorties au profit de sa Majesté, sera fait droit. Fait les deux Bureaux assemblez, le vingt troisiesme iour de Nouembre. 1626.

Signé, BOVRLON.

F

AVTRE ARREST DV trentiesme Decembre mil six cens vingt-six, par lequel, sans auoir égard à la requeste presentée par lesdits Receueurs & Payeurs, est ordonné que l'Arrrest du 23. Nouembre tiendra.

SVR la requeste presentée à la Chambre par les Receueurs & Payeurs des rentes de l'Hostel de la ville de Paris, Receueurs & Payeurs Prouinciaux du ressort de ladite Chambre, contenants que sur la presentation qu'ils auoient cy deuant faite à icelle des Lettres patentes, en forme d'Edict du mois de Iuillet dernier, portant reuocquation de son Edict du mois de Septembre mil six cens vingt cinq, par lequel sa Majesté auroit creé vn Office de Receueur & dépositaire des debets de quittances des Comptes dudit ressort, qu'elle auoit reüny à leurs Offices, auec attribution de seize mil liures de gages, à départir sur leursdits offices, selon la taxe qui en auoit esté faite au Conseil de sadite Majesté, à iceux prendre & perceuoir sur les deniers prouenans des rentes non demandées ny reclamées & racheptées, ou à elle escheuës par Aubaine, forfaicture, confiscation ou autrement; Estoit interuenu Arrest le vingt-troisiesme de Nouembre dernier, par lequel auroit esté ordonné auant que faire droict sur la Verification & Enterinement desdites lettres, qu'apres qu'ils auroient fait apparoir de l'estat des rentes pretenduës, racheptées & amorties au profit de sa Majesté, seroit fait droit, à quoy il leur estoit du tout impossible de satisfaire pour n'auoir aucune cognoissance des rentes de ladite nature, dont ils estoient prests d'eux purger par serment, sur le fonds desquelles ils puissent quant à present prendre les gages qui leur sont attribuez, à cause de la Finance qu'ils auoient esté cōtraints payer és coffres de ſadite Majeſté, pour ladite reuocquation & reünion dudit office à leurſdites charges : leſquels Gages ils declaroient n'auoir jamais entendu comme ils n'entendoient encores à preſent prendre ſur le fonds du courant de leur maniement & receptes : mais ſeulement ſur les deniers qui prouiendront deſdittes rentes racheptées, & amorties, qui viendront cy apres à leur pourſuitte & diligence, & dont ils ſeroient tenus de mettre les memoires, extraicts & pieces iuſtificatiues au Greffe de ladite Chambre, ou és mains de tel des Conſeillers & Maiſtres qu'il luy plairoit commettre, pour à ſon rapport eſtre leſdites rentes, iugées, & à eux fait droit ainſi que de raiſon, Requeroient qu'il pleuſt à ladite Chambre, eu égard qu'ils auoient eſté contraints au payement deſdites taxes pour ladite ſuppreſſion & reünion, leur donner acte de leurdite Declaration, & en conſequence d'icelle, ordonner qu'il ſera paſſé outre à la verification & enterinement deſdites Lettres ſelon leur forme & teneur : ainſi que le contient ladite Requeſte, Veu laquelle leſdits Edicts & Arrests de ladite Chambre dessus dattées & mentionnées, Conclusions du Procureur General du Roy, & tout consideré, LA CHAMBRE a ordonné & ordonne que sō Arrest du vingt troisiesme iour de Nouembre dernier tiendra, & qu'il sera continué à l'information ordonnée par Arrest dudit iour, pour estre le tout iugé conioinctement. Faict les deux Bureaux assemblez, le trentiesme Decembre mil six cens vingt-six.

Signé, BOVRLON.

ciaux des rentes constituées sur les deniers du reuenu de nos Tailles, & receptes generales de nos Finances, mesmes les offres de nous sécourir en la necessité de nos affaires de la mesme somme, pour ce qui estoit du ressort de nostredite Chambre des Comptes, que nous auions faict estat de tirer dudit Office de Receueur desdites Consignations, & qu'il estoit de nostre seruice & de l'interest public, de laisser lesdits Officiers en leur fonction ordinaire, sans y changer, ny innouer, Nous aurions par Arrest de nostre Conseil du troisiesme Iuin audit an, receu leursdittes offres, & consenty que la fonction dudit Office de Receueur des Consignations demeurast vnie & conseruée pour toujours ausdits Officiers, Et à ceste fin iceux establis Receueurs & Payeurs desdites rentes, & depositaires desdits Debets de quittances, par nostre Edict du mois de Iuillet ensuiuant, portant aussi suppression dudit Office de Receueur des Consignations. Et au lieu de proceder par vous à l'enregistrement dudit Edict, comme vtile & necessaire pour l'interest public,

blic, & pour demeurer dans ledit ordre ancien, Vous auez par voſtre Arteſt du vingt-troiſieſme Nouembre audit an, ordonné qu'apres que leſdits Receueurs auront fait apparoir de l'eſtat deſdites rentes pretenduës rachetées, & admorties à noſtre profit, ſeroit fait droict: Et ſur la requeſte à vous preſentée par leſdits Receueurs & Payeurs, remonſtrants & certifiants n'en auoir cognoiſſance d'aucune, & neantmoins ne pretendre ny demander le payement de ſeize mil liures de gages à eux attribuées par an par noſtredit Edict, que ſur les deniers de ladite nature, pour leuer tout doute qu'ils ſe vouluſſent preualoir de leurs charges au preiudice du poſſeſſeur des rentes deües & non rachetées; Par autre voſtre Arreſt du trentieſme Decembre dernier paſſé, vous auez ordonné que voſtredit premier Arreſt tiendroit, Et outre qu'il ſeroit continué à l'information par vous ordonnée par Arreſt dudit vingt-troiſiéme Nouembre, pour eſtre le tout iugé conjointement, comme ſi l'intereſt deſdits Officiers eſtoit joint auec celuy des particuliers, contre leſquels vous voulez procеder. Et d'autāt qu'il n'eſt raiſonnable de tirer l'enregiſtrement de noſtre Edict en plus de longueur, & trauailler leſdits Receueurs & Payeurs, pour le faict duquel ils doiuent eſtre loüez, s'e-ſtans volontairement mis en deuoir de nous ſecourir en la neceſſité de nos affaires, & s'incommoder en leurs biens pour ſe conſeruer en vne fonction qui leur appartient de droict, & maintenir le ſuſdit ordre ancien au benefice du public : d'ailleurs qu'il ne depend d'eux d'indiquer les rentes racheptées & admorties, tant pour ce que l'aduis d'aſſigner leſdits gages ſur les deniers à nous reuenants bons, par le moyen deſdits admortiſſements, n'eſt venu d'eux que pour ne pouuoir auoir cognoiſſance deſdits rachapts & admortiſſements : Sinon en vertu d'Arreſts de noſtredite Chambre, qui leur doiuent eſtre ſignifiez ou apportez en leurs comptes, lors qu'il eſchet aucun admortiſſement, ſoit par rembourſement en execution des traittez par desherance ou forfaicture, ou autre voye : Et que pour leſdits ſeize mil liures de gages, il eſt entierement

[e]stans l'impossible de les pouuoir prendre que sur lesdites rentes admorties, n'estans [a]ttribuez ausdits officiers qu'à ceste charge : Et s'ils faisoient autrement, ils se rendroient subjets à vne restitution & aux peines indictes par nos Ordonnances, pour deniers diuertis, espece de faux employ. A CES CAVSES, Apres auoir de nouueau fait voir en nostre Conseil ledit Arrest donné en iceluy le troisiesme Iuin, nostredit Edict du mois de Iuillet, lesdits Arrests des vingt-troisiesme Nouembre, & trentiesme Decembre, ensemble la declaration desdits Receueurs, mentionnée par vostredit dernier Arrest, comme ils n'ont cognoissance d'aucunes rentes racheptées ny admorties, & neantmoins se contentent de prendre le payement desdits seize mil liures de gages, sur celles seulement qui seront iugées par nostredite Chambre des Comptes de ladite nature, sans les pouuoir prendre ny demander ailleurs, à peine de restitution, le tout cy attaché soubs le contreseel de nostre Chancellerie : DE L'ADVIS de nostre Conseil, & de nostre pleine

puiſſance & authorité Royale, No[illegible] vous mandons, ordonnons & tres-e[illegible] preſſement enioignons par ces Preſen[illegible] tes ſignées de noſtre main, Que tous affaires ceſſans & poſtpoſez, vous ayez à proceder à l'enregiſtrement de noſtredit Edict, ſans plus y apporter de longueur, ny difficulté: Nonobſtant, & ſans vous arreſter à voſdits Arreſts des vingt-troiſieſme Nouembre, & trentieſme Decembre, du contenu auſquels Nous auons déchargé & dechargeons leſdits Receueurs & Payeurs deſdites rentes par ceſdites preſentes, que voulons vous ſeruir de finale Iuſſion, & de tout autre commandement que pourriez attendre de nous pour ce regard, nonobſtant auſſi tous Edicts, Ordonnances & Lettres à ce contraires, auſquelles nous auons derogé & derogeons. CAR tel eſt noſtre plaiſir. DONNE à Paris le vingt-troiſieſme iour de Ianuier, l'an de grace mil ſix cens vingt-ſept. Et de noſtre regne le dix-ſeptieſme. Signé, LOVIS. Et plus bas, Par le Roy, POTIER. Et ſcellées du grand ſeau de cire jaune. Et à coſté eſt eſcrit:

Leu, publié & registré en la Chambre des Coptes, Ouy le Procureur General du Roy, par le commandement de sa Majesté, porté par Monseigneur son frere, venu exprés en ladite Chambre, aßisté des Sieurs Duc de Bellegarde Cheualier des Ordres de sa Majesté, de Chãpigny & de Leon, Conseillers en ses Conseils d'Estat & Priué, le vingt-huictiesme iour de Iuin mil six cens vingt-sept.

Signé,

BOVRLON.

Collationné à l'Original par moy Cõseiller & Secretaire du Roy,

www.ingramcontent.com/pod-product-compliance
Ingram Content Group UK Ltd.
Pitfield, Milton Keynes, MK11 3LW, UK
UKHW021818190726
13853UKWH00003B/1039

9 782329 599793